AF619852

Paul LAPEYRE

RENAN

PEINT PAR LUI-MÊME

PARIS

P. LETHIELLEUX, LIBRAIRE-ÉDITEUR

10 RUE CASSETTE, 10

1893

RENAN

DU MÊME AUTEUR

Auguste Nicolas, sa vie et ses œuvres, d'après ses mémoires inédits, ses papiers et sa correspondance. Beau volume in-8 carré (750 pages), orné d'un portrait gravé par Méaulle et d'un autographe. (Paris, P. Lethielleux)............................ **7 50**

Le même, relié demi-chagrin, tranche jaspée.. **10 50**

IL A ÉTÉ TIRÉ EN OUTRE :

50 exemplaires numérotés sur Hollande, *net*.... **15 »**

Corbeil. — Imprimerie Crété.

Paul LAPEYRE

RENAN

PEINT PAR LUI-MÊME

PARIS
P. LETHIELLEUX, LIBRAIRE-ÉDITEUR
10 RUE CASSETTE, 10

1893

RENAN

PEINT PAR LUI-MÊME

I

La mort de M. Ernest Renan m'a fait remettre la main sur le volume de ses *Souvenirs d'enfance et de jeunesse*, sur lequel la poussière commençait à s'accumuler. Étant donnée l'idée qu'on a de loger le cadavre de cet homme au Panthéon, son livre est intéressant. Il caractérise bien notre époque. J'ajoute qu'il peint son auteur à merveille. Dans ses mémoires, un écrivain se peint toujours, même et surtout sans le vouloir. Le soin qu'il peut mettre à se glorifier n'importe guère, ou plutôt ajoute un trait à la démonstration de son caractère, qui perce à travers ses réticences et ses mensonges, presque toujours visibles. D'ailleurs il y expose sa manière de concevoir la vie, et cet exposé, rapproché des faits, en dit fort long. C'est ainsi que les *Souvenirs* de M. Renan sont particulièrement concluants. Aucun écrivain, ami ou adversaire, n'a peint Renan avec autant de fidélité que lui-même, et cela d'autant mieux qu'il a apporté à cette rédaction toute la naïveté transcendante des vices d'un esprit et d'un cœur dépouillés de tout christianisme.

Dans quelle mesure cet homme-là fut-il coupable, c'est ce que je ne prétends aucunement décider, et même, s'il faut dire toute ma pensée, j'incline à croire qu'il y a eu dans son cas beaucoup de circonstances atténuantes. Mon opinion est que c'était un cerveau déséquilibré, une nature pleine de lacunes, bref un fou, un simple fou. La grande erreur de beaucoup de gens est de croire qu'il n'y a de fous que dans les maisons de santé, et que l'aliénation est incompatible avec une responsabilité quelconque. On suppose généralement aussi qu'un fou doit nécessairement dire des choses absolument incohérentes dans chacune des phrases qu'il prononce. Il n'en est rien. On peut avoir beaucoup de talent, s'exprimer merveilleusement sur certains points, et être dénué de raison. Louis Veuillot, un des premiers, a eu la pénétration de voir et le courage d'affirmer, dans les premières pages de ses *Libres-Penseurs*, que, parmi ceux qui sont ou se disent philosophes ou poètes, la plupart sont purement et simplement aliénés. M. Renan est un fou du genre philosophique, et, sans lire ses ouvrages de prétendue érudition, on peut s'en rapporter pour la démonstration à ses propres aveux.

Voici d'abord comment il établit son défaut d'équilibre :

« Par ma race, j'étais partagé et comme écartelé entre des forces contraires. Il y avait, dans la famille de ma mère, des éléments de sang basque et bordelais. Un Gascon, sans que je le susse, jouait en moi des tours incroyables au Breton et lui faisait des mines de singe. Ma famille elle-même était partagée. Mon père, mon grand-père paternel, mes oncles, n'étaient rien moins que cléricaux. Mais ma grand'-mère maternelle était le centre d'une société où le royalisme ne se séparait pas de la religion... Cette complexité d'origine est en grande partie, je crois, la cause de mes apparentes contradictions (fort apparentes en effet). Je suis double ; quelquefois une partie de moi rit quand l'autre pleure. C'est là l'explication de ma gaieté. Comme il y a deux hommes en moi, il y en a toujours un qui a lieu d'être content ».

Un peu plus loin, pour expliquer son scepticisme, il déclare que sa nature bretonne lui inspire sans cesse des idées graves et religieuses, dont sa nature gasconne se moque perpétuellement. Effectivement chacune de ses phrases jure avec la suivante. La lecture de ses ouvrages fait songer à un orgue dont les tuyaux, par le fait de quelque fumiste, auraient été déplacés et ne correspondraient plus à la note du clavier pour laquelle ils avaient été faits. L'air qu'on y jouerait ressemblerait à de la prose de Renan.

On dirait que la contradiction est l'essence même de son esprit. Il contredit tout, et se contredit lui-même avec une facilité inouïe, pour ne pas dire un cynisme inconscient. Il s'abandonne d'autant plus volontiers à l'incohérence des idées qu'il ne paraît pas le plus souvent comprendre ce qu'il dit, ou du moins que l'aspect des choses ne lui inspire pas les sentiments qu'il entraîne pour le commun des mortels; bref, le sens moral lui fait défaut. Ainsi voilà un homme qui, après avoir fait un grand éloge de sa mère, pour laquelle il professait une grande vénération, nous cite d'elle, sans sourciller, le propos suivant :

« Z... est le *seul* homme un peu *comme il faut* de notre entourage ; il a une belle position, il est riche, estimé, *on ne lui demande pas compte de la manière dont il a pu acquérir sa fortune.* — Dites-le-moi tout de même. — Eh bien! que veux-tu? on ne devient pas riche sans se salir un peu. Il avait fait la traite des nègres... ».

On voit que madame sa mère n'était pas très regardante en fait de moralité, et qu'elle trouvait « comme il faut » des gens comme il n'en faut pas. Si M. Renan a eu l'intention de persifler sa mère, quel abominable fils ! S'il ne s'est pas rendu compte qu'il la salissait, quel cerveau détraqué ! N'oublions pas que c'est d'elle que Renan tient son sang gascon.

Il n'avait pas pour la sincérité le même culte que pour sa mère. Voici comment il en convient :

« Le prêtre porte en tout sa politique sacrée, ce qu'il dit implique beaucoup de convenu. Sous ce rapport, je suis resté prêtre... Dans ma conversation et ma correspondance, j'ai parfois d'étranges défaillances. Je dis à chacun ce que je suppose devoir lui faire plaisir. Mon attention, quand je suis avec quelqu'un, est de deviner ses idées, et, par excès de déférence, de les lui servir anticipées. Je ne m'exprime librement qu'avec les gens que je sais dégagés de toute opinion et placés au point de vue d'une bienveillante ironie universelle.... »

C'est-à-dire qu'il ne dit ce qu'il pense qu'avec les gens disposés comme lui à se moquer de tout, sans être contredits en face.

Il poursuit : « Quant à ma correspondance, ce sera ma honte après ma mort, si on la publie. Écrire une lettre est pour moi une torture. Je comprends qu'on fasse le virtuose devant dix comme devant dix mille personnes ; mais devant une personne !.... »

Nous avons ici probablement la clef de ses opinions. Au Collège de France devant dix personnes, dans ses livres devant dix mille, il faisait simplement le virtuose. Vous comprenez cela et lui aussi. Or, on ne fait le virtuose que pour être applaudi, et l'on ne peut être applaudi que dans un genre à la fois original et recherché du public. Il a recherché ce qu'il pouvait y avoir de plus original en fait d'anticléricalisme. Il a cru l'avoir trouvé : telle est l'explication qu'il donne lui-même du caractère de ses écrits : du reste, nous y reviendrons tout à l'heure.

La facilité avec laquelle il se contredisait dans le même livre, dans la même page et parfois dans la même phrase, atteint un degré qui confine à l'aliénation et qui se montra chez lui dès sa jeunesse. Nous avons les lettres qu'il écrivait à M. l'abbé Cognat.

son condisciple et ami, au moment où il venait de quitter le séminaire de Saint-Sulpice. Dans une première lettre, il dit qu'il a quitté le séminaire à cause de ses doutes : quelques mois après, il déclare qu'il ne doute plus, mais qu'il ne croit à rien, et il ajoute : « Expliquez-moi donc un peu comment vous faites pour croire ». Quoique n'ayant plus de doutes, il était devenu sceptique tout de même, et voici la théorie qu'il fait, quelques lignes plus loin, du scepticisme : « L'homme ne peut jamais être assez sûr de sa pensée pour jurer fidélité à tel ou tel système qu'il regarde maintenant comme le vrai ». Voilà qui est entendu : nous ne pouvons rien savoir, rien affirmer, puisque l'essence de la vérité est de se dérober perpétuellement et absolument. Croiriez-vous néanmoins que M. Renan ajoute tout de suite cette phrase plus qu'inattendue : « Tout ce qu'il peut (l'homme), c'est de se consacrer à la vérité quelle qu'elle soit, et de disposer son cœur à la suivre partout où il croira la voir, dût-il lui en coûter les plus pénibles sacrifices ». L'homme qui ferait les sacrifices les plus pénibles, au service d'une vérité insaisissable et fatalement reconnue fausse le lendemain, serait purement un sot. M. Renan ne craint point de dire ces sottises et, quand il les a dites, il paraît fort content de lui.

Dans une autre lettre au même abbé Cognat, du 11 septembre 1846, nous trouvons l'étrange aveu et l'explication plus étrange encore que voici :

« Le christianisme n'a guère été attaqué jusqu'ici qu'au nom de l'immoralité et des doctrines abjectes du matérialisme, par des polissons, en un mot. Voilà le fait, et je le prouverai. Mais j'explique cela. A ces époques-là on devait croire aux religions. C'était la loi d'alors; et ceux qui n'y ont pas cru ont été en dehors de l'ordre commun. Il est temps qu'un autre ordre commence ».

Il serait temps, en effet, qu'il n'y eût plus de polissons pour attaquer le christianisme. Mais auparavant on se demandera ce que M. Renan entend par *la loi de ces époques-là*. Cette loi était-elle un acte de législation purement humaine? Dans ce cas, si la religion était fausse, on ne voit pas pourquoi les âmes d'élite de ces époques ne l'auraient pas combattue et n'en auraient pas poursuivi l'abrogation. Si au contraire la religion d'alors était vraie, elle l'est encore, et, en s'expliquant qu'elle n'ait été attaquée que par des polissons, on est amené à conclure qu'il en sera toujours ainsi. Mais voici le point. M. Renan ne croit à la durée, à la perpétuité, à la permanence de rien. D'après ses affirmations habituelles, toujours un peu contredites par lui-même, aucune loi n'est éternelle, aucun ordre n'est stable, aucun avenir n'est certain, aucun principe n'est démontré. Les liens qui rattachent dans le cerveau du commun des hommes un effet à sa cause, une conséquence à son principe, n'existent pas pour lui. Il parle à chaque instant des idées générales, dont il déclare avoir le culte et à l'aide desquelles il prétend renverser les idées particulières, non sans avoir toujours à son service des idées particulières à l'aide desquelles il renverse les idées générales. L'expression d'un scepticisme universel apparaît presque dans chacune de ses pages, bientôt suivie d'une affirmation tranchante, d'ailleurs contraire au sentiment commun. Si on lui oppose une affirmation, il y répond par un doute général. Si l'on doute de ses idées, il se retranche dans un dogmatisme d'autant plus étrange qu'il l'a déjà détruit d'avance ou qu'il va le détruire sans retard. Dans ce cerveau disloqué, les idées ne sont ni assises, ni rangées dans un ordre quelconque ; elles dansent, elles tournent, comme feraient des boules de loto dans un sac qu'on agiterait sans cesse. Aussi les opinions les plus diverses font-elles sous sa plume les rencontres les plus imprévues. Il y a là véritablement les symptômes les plus caractéristiques de l'aliénisme.

Un des points de la philosophie les plus faciles à démontrer, jusqu'à être devenu un lieu commun, c'est le triomphe définitif du bien et de la vertu, malgré les succès passagers du mal et du vice, l'identité du vrai et du beau, le caractère permanent de l'idéal, source et moteur de tout progrès. Mais le regard louche et borné de M. Renan n'a rien vu de tout cela.

« Comme j'avais l'esprit juste, dit-il (observez comme les esprits faux sont occupés sans cesse à vanter la justesse de leur esprit), je vis en même temps que l'idéal et la réalité n'ont rien à faire ensemble ; que le monde jusqu'à nouvel ordre est voué sans appel à la platitude, à la médiocrité ; que la cause qui plaît aux âmes bien nées est sûre d'être vaincue ; que ce qui est vrai en littérature, en poésie, aux yeux des gens raffinés est toujours faux dans le monde grossier des faits accomplis... L'égoïsme est juste le contraire de ce que j'avais été habitué à regarder comme beau et bien. Or le spectacle de ce monde nous montre l'égoïsme seul récompensé. L'Angleterre a été jusqu'à ces dernières années la première des nations, parce qu'elle a été la plus égoïste. L'Allemagne a conquis l'hégémonie du monde en reniant hautement les principes de moralité politique qu'elle avait autrefois si éloquemment prêchés ».

Voilà, j'espère, l'égoïsme hautement prôné, et quelle considération peut-on garder pour le désintéressement, la loyauté et la vertu, puisque ces choses-là nous conduisent fatalement à notre perte ? Le sens commun dit que ce qui nous perd invinciblement est le mal par essence, que ce qui est mal ne peut être beau, et que l'idéal, s'il est aussi funeste que le prétend M. Renan, doit être honni, et non cultivé par tous les gens raffinés, à moins qu'on n'entende par là le raffinement du vice. Bref, ce que M. Renan affirme ici, d'ailleurs gratuitement, est le renversement de toute notion morale, de tout ce qui a jusqu'ici servi de guide aux esprits droits et aux volontés saines. Faut-il s'incliner devant des aphorismes qui ne peuvent venir que de Charenton, où ils ne rencontreraient même pas l'unanimité ?

Au cours de son récit, il cite de sa grand'-mère maternelle, fort pieuse, une lettre adressée à une de ses amies atteinte d'un cancer, et dans laquelle elle tâche d'exciter la résignation de celle-ci par des considérations religieuses. M. Renan ajoute : « Quelques-unes des consolations qu'elle renferme peuvent paraître faibles. Mais en avons-nous de meilleures à offrir à une personne atteinte d'un cancer? Elles valent bien le laudanum ». On ne saurait mieux avouer que l'incrédulité est complètement dépourvue de consolations à offrir aux malheureux. Mais, si celles que possèdent les croyants ont une valeur quelconque, ne s'ensuit-il pas nécessairement qu'elles reposent sur un fondement véritable? Autrement il faudrait déclarer que c'est le mensonge et l'imposture qui ont le secret de guérir les plaies morales. Donc, si les consolations pieuses valent mieux que le laudanum, le positivisme lui-même nous obligera à y voir autant de réalité que dans ce produit pharmaceutique.

M. Renan nous raconte aussi clairement qu'il peut, c'est-à-dire assez obscurément, les phases que traversa son âme pour passer de la foi à l'incrédulité. Il prétend que la plupart des directeurs de Saint-Sulpice auxquels il fit connaître les premiers symptômes de son doute n'y virent rien de grave et l'engagèrent à n'y faire aucune attention. Seul, l'un d'eux, M. Gottofrey, ne se fit, dès le premier instant, aucune illusion. M. Renan le constate et ajoute : « Il avait raison, pleinement raison; je le reconnais maintenant. Il fallait ses lumières transcendantes de martyr et d'ascète pour découvrir ce qui échappait si complètement à ceux qui dirigeaient ma conscience avec tant de droiture, du reste, et de bonté ». Comment le fait d'être martyr et ascète peut-il donner des lumières transcendantes? Si le christianisme est faux, le martyre n'est qu'une sottise et l'ascétisme une insanité. Ce sont pourtant cette sottise et cette insanité qui, d'après cet étrange philosophe, donnent des lumières transcendantes. Mais lui, M. Renan, où a-t-il puisé ses propres lumières transcendantes? Ce n'est pas assurément dans le martyre et l'ascétisme.

Une page plus loin, il exprime encore la même idée : « Aujourd'hui, dit-il, à trente-huit ans de distance, je reconnais la haute pénétration dont M. Gottofrey fit preuve. Lui seul fut clairvoyant, car c'était tout à fait un saint ». La sainteté donne donc de la pénétration! Comment se fait-il que M. Renan ait adopté, sur les questions les plus vitales, des conclusions tout à fait opposées à celles de l'unanimité des saints?

Si M. Renan a manqué de pénétration autant qu'il a manqué de sainteté, quelle confiance pouvons-nous avoir dans son opinion ?

Chemin faisant, il est amené à faire l'énumération de ses vertus. Il en cite beaucoup, puis il poursuit : « Depuis ma sortie de Saint-Sulpice, je n'ai fait que baisser (moralement), et pourtant, avec le quart des vertus d'un sulpicien, j'ai encore été, je crois, fort au dessus de la moyenne... Il me plairait d'expliquer par le détail et de montrer comment la gageure paradoxale de garder les vertus cléricales sans la foi qui leur sert de base... ». Calculons et raisonnons : le quart des vertus d'un sulpicien est fort au-dessus de la totalité moyenne. Mettons qu'elle soit le double; il s'ensuit qu'un sulpicien est huit fois plus vertueux qu'un homme ordinaire. La foi chrétienne d'un homme ordinaire n'est pas grand'chose, tandis qu'un sulpicien adhère à tous les dogmes chrétiens. Or, si le christianisme n'est qu'un tissu d'hypothèses absurdes et d'erreurs historiques, comme l'affirme M. Renan dans le même livre, il en résulte que la vertu serait le produit infaillible de l'erreur et de l'absurdité ; en sorte que le mensonge produirait des bienfaits sociaux incomparables, et que la connaissance de la vérité amènerait la corruption la plus complète. Telle est la philosophie de M. Renan ; elle est, comme on voit, passablement dépourvue de logique ; elle n'est guère consolante non plus.

M. Renan, dans ses écrits, n'abandonne jamais la vertu sans esprit de retour, mais il l'abandonne volontiers. Étant encore bien jeune, il « entrevoyait que la beauté est un don tellement supérieur que le talent, le génie, la vertu même ne sont rien auprès d'elle, en sorte que la femme vraiment belle a le droit de tout dédaigner puisqu'elle rassemble, non dans une œuvre hors d'elle, mais dans sa personne même, comme en un vase myrrhin, tout ce que le génie esquisse péniblement en traits faibles au moyen d'une fatigante réflexion ». Voilà la vertu bien sacrifiée ; mais patience : ceci n'était que pour les libertins. Quelques pages plus loin, il fera sa cour aux gens vertueux, car il aime à sauter pour tout le monde. « Le moindre acte de vertu, nous fait-il lire, le moindre grain de talent, me paraissent infiniment supérieurs à toutes les richesses, à tous les succès du monde ». Voilà la vertu réhabilitée et la part faite aux préjugés des honnêtes gens.

Entre ces deux penchants contraires, quel est celui vers lequel incline M. Renan ? On le devine : mais l'auteur ne fait aucune difficulté de l'avouer : « Tout en aimant beaucoup le bien, j'ai une indulgence, peut-être fâcheuse, pour ceux qui ont pris la vie par un autre côté et, tout en étant fort appliqué, je me demande sans cesse si ce ne sont pas les gens frivoles qui ont raison ». Et oui, à notre avis, son indulgence pour ceux qui ont pris la vie par le côté opposé au bien est un peu fâcheuse, mais bien naturelle. Puisque M. Renan se donne si volontiers raison, il fallait bien qu'il la donnât aussi aux gens frivoles.

En plusieurs passages il répète qu'il était prédestiné à être prêtre, et qu'en un certain sens il l'a toujours été. Il se demande à plusieurs reprises quelle eût été sa carrière si son passage au grand séminaire lui avait laissé la foi au lieu de la lui faire perdre. Voici l'une de ses réponses :

« J'eusse été très bon prêtre, indulgent, paternel, charitable, sans reproche en mes mœurs. J'aurais été en prêtre ce que j'ai été en père de famille, très aimé de mes ouailles, aussi peu gênant que possible dans l'exercice de mon autorité. Certains défauts que j'ai fussent devenus des qualités. Certaines erreurs que je professe eussent été le fait d'un homme qui a l'esprit de son état. J'aurais supprimé quelques verrues, que je n'ai pas pris la peine, n'étant que laïque, d'extirper soigneusement, mais qu'il n'eût dépendu que de moi d'arracher. Ma carrière eût été celle-ci : à vingt-deux ans, professeur au collège de Tréguier ; vers cinquante ans, chanoine, peut-être grand vicaire à Saint-Brieuc, homme très consciencieux, très estimé, bon et sûr directeur. Médiocrement partisan des dogmes nouveaux, j'aurais poussé la hardiesse jusqu'à dire comme beaucoup de bons ecclésiastiques après le concile du Vatican : *Posui custodiam ori meo*. Mon antipathie pour les jésuites se fût exprimée en ne parlant jamais d'eux : un fond de gallicanisme mitigé se fût dissimulé sous le couvert d'une profonde connaissance du droit canonique ».

Bien des remarques seraient à faire sur ce portrait imaginaire. Ne pouvant pas les faire toutes, retenons pourtant l'aveu par lequel il déclare que, s'il eût été prêtre, il eût été en somme meilleur. Quant à ce brevet de *bon et sûr directeur* qu'il se donne, il nous est impossible d'y souscrire. La mobilité de ses opinions, l'incohérence de ses idées, l'absence de principes en eussent toujours fait un homme inconstant, versatile, ambigu, ennemi des difficultés et acceptant les expédients les plus indignes pour les éviter. Toujours disposé, comme il nous l'a dit lui-même, à paraître entrer dans l'opinion de tous ses interlocuteurs, il eût distribué beaucoup d'eau bénite, surtout celle de cour.

Si parfois il fait honneur à ses maîtres de quelques-unes des qualités qu'il déclare posséder, il tient surtout à rendre le corps sacerdotal responsable et solidaire de ses défauts. « Je ne fus pas prêtre de profession, dit-il dans un passage, je le fus d'esprit. Tous mes défauts tiennent à cela ; ce sont des défauts de prêtre ». Il en a eu sans doute quelques-uns de plus. Dans tous les cas, il revient à chaque instant sur l'apologie du vice en lui-même, et sous tous ses aspects : « Je ne peux m'ôter de l'idée, dit-il quelque part, que c'est peut-être après tout le libertin qui a raison et qui pratique la vraie philosophie de la vie ».

Il y revient quelques pages plus loin :

« Je me reproche quelquefois d'avoir contribué au triomphe de M. Homais sur son curé. Que voulez-vous? C'est M. Homais qui a raison. Sans M. Homais, nous serions tous brûlés vifs. Mais quand on s'est donné bien du mal pour trouver la vérité, il en coûte d'avouer que ce sont les frivoles, ceux qui sont bien résolus à ne lire jamais saint Augustin ou saint Thomas d'Aquin, qui sont les vrais sages. Gavroche et M. Homais arrivant d'emblée et avec si peu de peine au dernier mot de la philosophie! C'est bien dur à penser ».

Il lui en coûte de l'avouer, il trouve que c'est dur à penser, mais il le pense, le dit et l'avoue tout de même : à tel point qu'il fait tout ce qu'il peut pour le démontrer : c'est le libertin qui a raison, c'est Gavroche, c'est-à-dire le fils et le père de tous les vices, qui est le grand philosophe de ce monde. Tout l'esprit transcendant de M. Renan est arrivé à faire cette découverte. Grand bien fasse à l'humanité !

Que le lecteur veuille bien relire attentivement la citation précédente et il constatera que M. Renan déclare que la *vérité* est incompatible avec la *vraie sagesse* ; en sorte que la vérité conduirait à la folie et que les vrais sages sont ceux qui tournent le dos à la vérité. Voilà de la belle métaphysique et de la belle morale !

Sur ce point, les citations précédentes pourraient suffire, mais il en a tellement varié et multiplié les formules que nous ne pouvons résister à la tentation d'en donner quelques autres qui ont leur prix.

II

Après avoir dit qu'à sa sortie du séminaire il continua de vivre dans Paris ainsi qu'il avait fait auparavant, Renan ajoute aussitôt : « Plus tard, je vis bien la vanité de cette vertu (la chasteté) comme de toutes les autres : je reconnus, en particulier, que la nature ne tient pas du tout à ce que l'homme soit chaste ». Un moment de réflexion : les ruines morales, financières et sanitaires qui sont la suite inévitable de l'inconduite, la vie humaine empoisonnée et abrégée, le désordre dans les ménages, les passions excitées de part et d'autre, la vie arrêtée ou corrompue dans sa source, le sang transmis aux générations ultérieures avec des tares héréditaires, tous les vices encouragés par le développement d'un seul, il paraît que tout cela est indifférent à la mère nature. Tant pis pour elle ! M. Renan vient de nous dire là tout ce qu'il faut pour nous la faire mépriser et répudier. Mais il se trompe grossièrement. La nature n'est point ce qu'un vain esprit pense. Elle n'aime rien tant que la vertu, toutes les vertus, et leur réserve ici-bas, dans ses tardives mais infaillibles récompenses, tous les trésors de joie et de bonheur qu'il est en son pouvoir de donner.

Poursuivons la citation de M. Renan : « Je n'en persistai pas moins, par convenance, dans la vie que j'avais choisie, et je m'imposai les mœurs d'un pasteur protestant ». Nous allons voir tout à l'heure ce que c'est que les mœurs d'un pasteur protestant. « L'homme, continue-t-il, ne doit jamais se permettre deux hardiesses à la fois. Le libre-penseur doit être réglé en ses mœurs ». M. Renan ne développe pas ce parallèle, mais le second terme va de soi. Celui qui a des idées irréprochables, peut légitimement se permettre toutes les incartades de conduite. Comme cela est consolant pour ceux qui trouvent la morale gênante ! Il n'est pas bien dur de se procurer de belles théories pour en acheter toutes les libertés pratiques. A ce prix, don Juan, Gavroche, Cartouche et Robert Macaire deviendront facilement de parfaits orthodoxes.

Revenons au ministre protestant : « Je connais, nous dit-il, des ministres protestants très larges d'idées, qui sauvent tout par leur cravate blanche irréprochable ». Il était réservé à M. Renan d'écrire le traité de l'influence des cravates blanches sur l'amélioration des idées et la liberté des mœurs. En nous disant, quelques lignes plus haut, qu'il adopta les mœurs d'un ministre protestant, M. Renan a sans doute voulu nous apprendre simplement qu'il échangea son rabat contre une cravate blanche. Ce fut sa manière à lui de « sauver tout ». Il fit encore autre chose dans le même ordre d'idées : « J'ai de même, nous dit-il, fait passer ce que la médiocrité humaine regarde comme des hardiesses, grâce à un style modéré et à des mœurs graves ». Les citations précédentes nous ont fait voir un échantillon de ce que M. Renan regarde comme de simples *hardiesses*; et il est persuadé qu'il nous les a *fait passer* parce qu'il a le visage rasé, qu'il se contredit à chaque phrase et qu'il porte une redingote noire!

M. Renan a transporté dans tous les sujets ses hésitations et ses contradictions : en voici un nouvel aveu dépouillé d'artifices. Il s'agit de politique : « Hegel n'avait pas encore découvert (en 1815) que le vainqueur a toujours raison... Il me réservait le privilège de ces belles théories, dont je commence du reste à me dégoûter ». Pourquoi répudier ces théories, si elles sont belles, et pourquoi les avoir adoptées si elles sont dégoûtantes? C'est là un mystère dont M. Renan ne nous donne pas la clef qui est peut-être cachée dans les oubliettes de Charenton.

Du reste, en fait de politique, M. Renan n'a jamais paru bien brillant, et, si ce n'était la rage d'anticléricalisme qui sévit en ce moment, aucun parti n'eût voulu l'avouer pour sien, à plus forte raison proposer pour lui des funérailles nationales. Voici, à ce sujet, un passage tout à fait joli. L'auteur nous parle d'un de ses condisciples, qui, dit-il, « n'eut pas la sagesse de rester sobre en politique. A la façon dont il prenait les choses, il n'y aurait personne qui n'eût, dans sa vie, vingt occasions de se faire fusiller. Les idéalistes comme nous doivent n'approcher de ce feu-là qu'avec beaucoup de précaution. Nous y laisserions presque toujours notre tête ou nos ailes ». Cette sollicitude de M. Renan pour sa tête et pour ses ailes est quelque chose de vraiment édifiant. Il préférait vautrer ses ailes dans la fange que les brûler à la politique. Il est évident qu'avec les théories que professait M. Renan, aucune cause ne pouvait lui paraître digne d'un tel sacrifice. D'ailleurs, quand on est d'avis que c'est le vainqueur qui a toujours raison, il est insensé de prendre part à la lutte, mais sage d'attendre son issue pour savoir de quel côté il convient de se tourner. Les principes de conduite politique exposés par M. Renan ne peuvent paraître que très précieux aux yeux des poltrons et des pieds plats. Du reste, à chaque instant on le surprend à prôner l'égoïsme avec une candeur inimaginable et à se vanter de ses actes les plus égoïstes comme le pourrait faire un Tartufe persuadé qu'il est adoré du genre humain et que celui-ci est fait pour lui servir de marchepied.

Nous avons vu que les idées de M. Renan rapprochées entre elles accusaient un véritable dérangement cérébral. Mais il y a des fous convaincus, des fous qui sacrifient tout et se sacrifient eux-mêmes à leur folle idée. Tel n'est point M. Renan. C'est un fou de mauvaise foi. Il n'a d'autre sincérité que celle de l'avouer. Nous l'avons entendu nous dire qu'il lui est impossible de faire une lettre passable, parce qu'il ne peut consentir à poser devant une seule personne. Son seul mobile en écrivant est donc une pose plus ou moins réussie. Quand il parle, ce n'est pas sa pensée qu'il cherche à rendre, c'est celle de ses auditeurs qu'il s'efforce d'exprimer pour leur être agréable. Avec de pareils procédés, il n'est guère possible de dire autre chose que des mensonges.

Comme confirmation de ce qui précède, voici une citation qui nous fournira l'occasion de faire plusieurs remarques. M. Renan parle de ses premiers maîtres de Tréguier, dont les mœurs graves et le style sévère repoussaient les ornements frivoles.

« Cette abnégation exagérée, dit-il, cette trop grande facilité à repousser ce qui plaît au monde par un *Abrenuntio tibi, satana*, est mortelle pour la littérature. Mon Dieu! peut-être la littérature implique-t-elle un peu de péché. Si le penchant gascon à trancher beaucoup de difficultés par un sourire, que ma mère avait mis en moi, eût dormi éternellement, peut-être mon salut eût-il été plus assuré. En tout cas, si j'étais resté en Bretagne, je serais toujours demeuré étranger à cette vanité que le monde a aimée, encouragée, je veux dire à une certaine habileté dans l'art d'amener le cliquetis des mots et des idées. En Bretagne, j'aurais écrit comme Rollin. A Paris, sitôt que j'eus montré le petit carillon qui était en moi, le monde s'y plut et, peut-être pour mon malheur, je fus engagé à continuer ».

Voilà bien Renan pris sur le fait. Il nous avoue sans détour que ce qu'il cultive, parce que le monde l'y a encouragé, c'est une certaine habileté dans l'art d'amener le cliquetis des mots et des idées. Les mots ne sont pas faits pour exprimer des idées, mais pour carillonner d'une façon amusante. Les idées n'ont point pour objet de rendre sensible une vérité utile, de faire connaître un fait important ou une loi précieuse pour l'humanité ; ce sont simplement des grelots que l'on attache autour de sa tête pour courir devant les gens et les divertir. A cet égard, plus les grelots sont variés, plus l'effet est drôle et réjouissant. Lorsqu'on peut faire tinter ensemble, comme le fait M. Renan, des idées tout à fait disparates, c'est alors le comble de l'art et la perfection du cliquetis.

M. Renan fait plus encore : il trouve le moyen d'associer ensemble des sentiments tout à fait contradictoires et de parler un langage qui implique des croyances qu'il répudie d'ailleurs entièrement. Ainsi, dans la citation précédente, est-ce sérieusement ou ironiquement qu'il dit que *la littérature implique un peu de péché*, que *son salut eût été plus assuré* par d'autres conjonctures, que ce fut *pour son malheur* qu'il fut engagé à continuer? Dans maints autres passages de son livre, il dit positivement le contraire, et pourtant ici, à prendre la phrase isolément, rien n'indique qu'il emploie la tournure ironique. La spécialité de Renan, en effet, est de se moquer des choses sérieuses, sans aucune des formes habituelles de l'ironie. Il est passé maître dans un certain art qui consiste à énoncer les blasphèmes les plus odieux avec toutes les expressions et toutes les formules de la dévotion la plus mielleuse. On pourrait en prendre des exemples presque à chaque page. En voici un emprunté à la dernière. Après avoir dit qu'il désire une « fin précieuse devant l'Éternel » et s'être écrié : « La volonté de Dieu soit faite! » il ajoute :

« Je serais désolé de traverser une de ces périodes d'affaiblissement où l'homme qui a eu de la force et de la vertu n'est plus que l'ombre et la ruine de lui-même, et souvent, à la grande joie des sots, s'occupe à détruire la vie qu'il avait laborieusement édifiée. Une telle vieillesse est le pire don que les dieux puissent faire à l'homme. Si un tel sort m'était réservé, je proteste d'avance contre les faiblesses qu'un cerveau ramolli pourrait me faire dire ou signer. C'est Renan sain d'esprit et de cœur, comme je le suis aujourd'hui, ce n'est pas Renan à moitié détruit par la mort et n'étant plus lui-même, comme je le serai si je me décompose lentement, que je veux qu'on croie et qu'on écoute. Je renie les blasphèmes que les défaillances de la dernière heure pourraient me faire prononcer contre l'Éternel ».

Voyons, de quel Éternel et de quels blasphèmes s'agit-il ici? Le long de ses ouvrages M. Renan a semé de nombreuses négations de la Divinité. D'après lui, Dieu n'existe pas, n'a jamais existé, ne pourra naître que dans un avenir indéfini, sans pouvoir d'ailleurs jamais devenir autre chose qu'un mythe abstrait et impuissant, symbolisant la totalité des existences. S'il en est ainsi, comment les défaillances de la dernière heure pourraient-elles l'amener à blasphémer contre cet être chimérique? Évidemment M. Renan entend ici, par blasphèmes contre l'Éternel, les rétractations qu'un rayon suprême de foi chrétienne pourrait lui faire prononcer contre les négations insensées de sa triste vie. Mais admirez avec quel art prestigieux, ou plutôt avec quelle duplicité de charlatan de foire, M. Renan emploie précisément, pour confirmer les blasphèmes qui l'ont rendu célèbre, toutes les expressions qui servent aux chrétiens fidèles à assurer la confirmation de leur foi ! Cet insupportable mélange de phrases pieuses et de blasphèmes hypocrites a été sa marotte et lui assure une place à part dans le mépris des âmes droites et dans le dégoût des chrétiens convaincus.

Encore une autre citation, où la même plaisanterie macabre s'étale avec un mauvais goût peut-être encore plus répugnant :

« Je reçois, dit-il, plusieurs fois par an, une lettre anonyme, contenant ces mots, toujours de la même écriture : « Si pourtant il y avait un enfer ! » Sûrement la personne pieuse qui m'écrit cela veut le salut de mon âme, et je la remercie. Mais l'enfer est une hypothèse bien peu conforme à ce que nous savons par ailleurs de la bonté divine. D'ailleurs, la main sur la conscience, s'il y en a un, je ne crois pas l'avoir mérité. Un peu de purgatoire serait peut-être juste ;

j'en accepterais la chance, puisqu'il y aurait le paradis ensuite, et que de bonnes âmes me gagneraient, j'espère, des indulgences pour m'en tirer ».

Si le purgatoire, à la suite d'une telle vie, est juste, comme le reconnaît un homme qui s'apprécie avec tant d'indulgence, pourquoi la justice éternelle lui laisserait-elle le bénéfice de l'impunité ou d'un bonheur immérité? S'il n'y a pas de purgatoire, il n'y a donc pas de justice? S'il n'y a point d'enfer ni de purgatoire, il n'y a point non plus de paradis, et alors comment sont récompensés les héros et les saints? M. Renan croit-il aux indulgences gagnées par de bonnes âmes?

Une phrase plus loin M. Renan s'adresse à son « bon génie ». Qu'est-ce que ce bon génie? Est-ce une force aveugle? Dans ce cas, il n'y a rien à lui dire; elle est sourde, inconsciente. Il n'y a ni à la remercier, ni à l'implorer. Si ce « bon génie a guidé, conseillé et consolé » M. Renan, comme il le déclare lui-même en ces propres termes, c'est donc un être intelligent et libre. Ce n'est pas un homme, puisqu'il dirige l'humanité et la domine. Et toutefois il agit dans l'humanité et sur l'humanité, puisqu'il la *guide*, la *conseille* et la *console*. Comment concilier cela avec l'affirmation catégorique du même auteur, énoncée quelques pages plus haut, « qu'aucune volonté libre, supérieure à celle de l'homme, n'agit d'une façon appréciable dans l'univers »? Et il ajoute dans la même phrase : « La claire vue scientifique de cette vérité devint depuis les premiers mois de 1846 l'ancre inébranlable sur laquelle (Berthelot et moi) nous n'avons jamais chassé ». Il me semble qu'en invoquant son *bon génie*, M. Renan chasse un peu sur cette ancre-là. Est-ce de la chasse prohibée?

On le voit, toute la philosophie de M. Renan est dans une perpétuelle contradiction, soutenue avec une naïveté qui touche à l'inconscience, dans le bienveillant accueil qu'il fait à tous les paradoxes, dans l'ironie avec laquelle il renverse, en paraissant les soutenir, les idées les plus sérieuses. Sa manière d'écrire n'est pas autre chose que le carnaval de l'esprit humain.

On s'est demandé bien souvent quel avait été le mobile qui lui avait fait jeter sa soutane aux orties. M. Renan déclare que la question des mœurs n'y a été absolument pour rien. Je suis fort disposé à le croire. Ses *Souvenirs d'enfance et de jeunesse* nous fournissent assez d'autres motifs. Il y en a déjà de suffisants dans son orgueil et la fausseté de son esprit. Mais ces deux choses-là ne peuvent-elles pas être considérées comme n'en faisant qu'une? Est-ce la fausseté de son esprit qui a engendré son orgueil, ou son orgueil qui a engendré la fausseté de son esprit? Quoi qu'il en soit, il était difficile de pousser plus loin l'une et l'autre chose.

Les lignes que nous avons déjà transcrites de lui nous ont édifié sur sa modestie, qu'il regarde néanmoins comme l'une de ses quatre plus belles vertus. Nous n'en citerons pas tous les autres traits qui s'offriraient à notre attention. Un ou deux suffiront.

En parlant de ses ancêtres, bonnes gens venus du Cardigan à Meskanbélec vers l'an

480, il dit : « Ils vécurent là treize cents ans d'une vie obscure, faisant des économies de pensées et de sensations, dont le capital accumulé m'est échu. Je sens que je pense pour eux et qu'ils vivent en moi ».

Voilà donc un homme persuadé que ses ancêtres, durant treize siècles, n'ont fait aucun usage de leur intelligence et qu'ils ont traversé l'existence comme des brutes, ne percevant même pas les sensations afférentes aux phénomènes qui se passaient autour d'eux; ces gens-là ne se rattachaient à l'espèce humaine que par un seul point : un rejeton lointain, que peut-être ils pressentaient et qui devait hériter... — j'allais dire de leur ignorance et de leur stupidité — en général nos ascendants ne nous lèguent que ce qu'ils possèdent. Mais M. Renan a changé tout cela: ses ancêtres, qui étaient ignorants, lui ont légué la science qu'ils n'avaient pas; incapables d'éprouver la moindre sensation, ils lui ont transmis la sensibilité la plus exquise. M. Renan en est persuadé, il nous le dit, et cette affirmation fait autant d'honneur à sa modestie qu'à sa logique, sans parler de son respect pour ses ascendants.

Son orgueil l'a poussé aux affirmations les plus folles. Ce n'est pas sans une profonde stupéfaction qu'on lit sous sa plume, après tout ce que nous venons de voir, les lignes suivantes : « J'ai un goût vif pour le peuple, pour le pauvre. J'ai pu, seul en mon siècle, comprendre Jésus et François d'Assise... ». Renan ami du peuple, ami du pauvre! C'est sans doute pour lui témoigner cette amitié que, durant le siège de Paris, pendant que le peuple luttait, souffrait et mourait, M. Renan, avec quelques camarades dignes de lui, faisait des dîners fins tellement exquis qu'on a jugé à propos de frapper une médaille pour en perpétuer la mémoire! C'est sans doute dans l'intérêt du pauvre, ce vaincu de la vie, que M. Renan a fabriqué le principe d'après lequel c'est le vainqueur qui a toujours raison! *Seul en son siècle*, M. Renan a compris Jésus et François d'Assise! Quelle modestie, surtout si l'on songe au portrait tout à fait incohérent qu'il a tracé de Jésus, dont il a fait un imposteur assez niais. La folie n'est-elle pas ici suffisamment caractérisée? Et faut-il chercher un meilleur titre à l'entrée de cet écrivain dans un asile d'aliénés?

M. Renan a trouvé dans notre siècle un homme comparable à Jésus. Il le lui a dit à lui-même, dans un discours solennel, en pleine séance de l'Académie française, et cet homme est M. Ferdinand de Lesseps, qu'il accueillait officiellement sous la coupole de l'Institut. Par là nous pouvons juger de la pénétration de son esprit et de sa connaissance des hommes. Il disait à son collègue, en le recevant à l'Académie, qu'il avait, lui, Lesseps, au même degré que Jésus, un cœur plein de pitié pour les foules et pour les malheureux. Un pareil compliment ne pouvait mieux tomber que sur la tête d'un homme qui a ruiné huit cent mille pauvres familles, qui en a laissé mourir sous un climat meurtrier une centaine d'autres mille, sur le sort duquel la magistrature délibère en ce moment, et qui est inculpé des attentats les plus graves à la fortune publique. En comparant un tel homme à Jésus, M. Renan a fait justice de ses propres œuvres et a donné la mesure de sa cécité.

Cet écrivain, qui prétend analyser mieux que tout autre les caractères à des milliers d'années de distance, s'est trompé plus que grossièrement sur son collègue de l'Académie. Cela nous permet d'opposer à ses appréciations historiques une récusation des mieux fondées.

En abandonnant le christianisme, l'esprit de M. Renan, qui était faux, s'est faussé davantage; son caractère, qui était bas, s'est abaissé encore; le sens moral, qui était oblitéré, a disparu tout à fait. C'est la triple sensation que l'on éprouve continuellement à la lecture des *Souvenirs*. Cet effet est d'autant plus intense qu'à chaque instant il déclare que le monde n'est qu'un amas de « médiocrités », que lui seul a du savoir, de la critique, de la rectitude dans l'esprit, de la noblesse dans le cœur, etc. Il ne dit pas autre chose, toutes les fois qu'il ne fait pas quelque récit ou quelque raisonnement qui prouvent justement le contraire. C'est ahurissant. J'ajoute que, pour un esprit droit et éclairé, cette lecture est consolante; la vie de cet homme qui, avec des dons remarquables, a trahi ou persiflé toutes les grandes causes et n'en a servi aucune, fait l'effet d'une démonstration du christianisme par l'absurde et l'odieux de son contraire. Les *mines de singe* qu'il fait à la doctrine catholique sont aussi instructives qu'amusantes.

Vraiment, quand on analyse de près ses livres et qu'on y voit à un degré inouï l'absence de principes, le décousu dans les idées, la contradiction en permanence, le paradoxe à jets continus et toutes les choses sérieuses tournées en plaisanterie, les expressions manquent pour dire ce que l'on éprouve; on en est réduit à éclater de rire... « Le siècle où j'ai vécu, écrit M. Renan, n'aura probablement pas été le plus grand, mais il sera tenu, sans doute, pour le plus amusant des siècles ». Fort amusant, en effet, pour un philosophe qui serait disposé à rire de tout ce qu'il verrait d'extravagant; et la lecture de M. Renan ne contribuerait pas peu à sa gaieté.

Des savants et des penseurs du plus haut mérite ont fait peut-être à M. Renan trop d'honneur en le réfutant avec gravité et en mettant en mouvement contre ses écrits l'appareil scientifique ou philosophique le plus sérieux. Pour rétorquer ses sophismes, pour faire justice de ses coq-à-l'âne, une verve gauloise, une ironie de bon aloi suffisaient. Certainement Mgr Freppel, Auguste Nicolas, Louis Veuillot, M. Wallon, l'abbé Darras ont fait contre Renan des œuvres merveilleuses de savoir, de haute raison et de force démonstrative; mais cela, en un sens, manque de proportion en dépassant trop la taille du critique impie. Un seul écrivain s'est mis au ton et et à la portée de l'auteur de la *Vie de Jésus*, c'est M. Henri Lasserre. On ne se sent à l'aise qu'en le lisant. Cet homme d'esprit, dans *l'Évangile selon Renan* et *le Treizième Apôtre*, a parfaitement réussi à rendre au sophiste défroqué la monnaie *du singe* de sa pièce. Ce sont d'admirables satires, bien appropriées à leur sujet et qui brossent leur homme avec un plein succès. Elles méritent de rester.

Mais si le rôle de Paillasse littéraire que s'est donné M. Renan est plein de comique, on se sent envahi par la tristesse en songeant à quel point ce pître forain a été pris au sérieux. Alors les questions les plus graves se posent devant l'esprit. On se demande d'abord comment l'auteur de la *Vie de Jésus* a pu rester quatre ans dans un grand séminaire, sans que ses directeurs se soient alarmés du dérèglement de ses facultés, ou de la bassesse de son caractère : ou bien, si la déviation de son esprit et l'affaiblissement de sa foi ont été remarqués assez à temps, pourquoi on ne lui a pas présenté à l'instant les principes fondamentaux au moyen desquels le christianisme bien conçu plonge, par le fait même, dans l'esprit humain des racines indestructibles. L'apostat prétend qu'il cessa d'être chrétien en apercevant dans le texte sacré des erreurs de dates et des fautes de traduction. Quand cela serait, cela emporte-t-il, comme il le prétend, tout le fond même du christianisme? Ses maîtres ont-ils pu le lui laisser croire et ne pas lui montrer la doctrine chrétienne sous un aspect plus essentiel? Il nous affirme qu'un jour, voyageant en Palestine, il eut la révélation de l'Évangile, qu'il n'avait pas compris jusque-là. La route qu'il suivait déboucha tout d'un coup sur les hauteurs de Casyoun; de là on voyait se dérouler toute la vallée du Jourdain. A ce moment-là M. Renan eut l'intuition définitive de l'Évangile. Ce n'est pas plus malin que cela. Nous qui n'avons pas été sur les hauteurs de Casyoun, nous voyons l'Évangile tout de travers :

Mais enfin Renan vint, et le premier au monde....

Courons donc tous sur les hauteurs de Casyoun; organisons des trains de plaisir pour Casyoun, et le monde sera sauvé!

Encore une fois, tout cela serait fort risible si le siècle qui a été témoin de ces insanités ne les avait prises au sérieux et ne leur avait accordé un immense crédit; si l'auteur de ces pantalonnades philosophiques n'avait été nommé professeur au Collège de France, membre de l'Académie des inscriptions et belles-lettres, membre de l'Académie française, membre du Conseil de l'ordre et grand officier de la Légion d'honneur, et s'il n'était question de transporter son cadavre dans le temple des grands hommes, d'où sainte Geneviève, pour qui il avait été construit, a été expulsée. Mais nous sommes tellement malades que nous décernons les honneurs suprêmes à de méchants impies, abjects et fous.

www.ingramcontent.com/pod-product-compliance
Ingram Content Group UK Ltd.
Pitfield, Milton Keynes, MK11 3LW, UK
UKHW021652260726
13994UKWH00003B/1438